Wir entdecken und bestimmen

Wildpflanzen

Chris Humphries

Illustrationen von Hilary Burn
sowie Joyce Bee und Christine Howes

Deutsche Fassung
von Hans Joachim Conert

Otto Maier Verlag Ravensburg

Inhalt

Einleitung	3
Abbildung und Beschreibung der Arten	8
Bilderrätsel	49
Farbrätsel	50
Kennst du die Frucht?	52
Wo wachsen sie?	54
Was in ein Notizbuch gehört	56
Pflanzenfotografie	58
Namensverzeichnis	59
Punktekarten	61

Erstausgabe in deutscher Sprache
Erstmals 1978 in den Ravensburger Taschenbüchern
Lizenzausgabe mit Genehmigung
der Usborne Publishing, Limited London
Originaltitel: ,,Spotter's Guide to Wild Flowers"
© 1978 by Usborne Publishing, Limited London

Umschlaggestaltung: Graphisches Atelier,
Otto Maier Verlag, unter Verwendung
des Umschlags der Originalausgabe

Alle Rechte dieser Ausgabe vorbehalten durch
Otto Maier Verlag Ravensburg
Printed in Italy

8 7 6   87 86

ISBN 3–473–39495–5

Einleitung

Wie man dieses Buch benutzt

Dieses Buch ist kein Lesebuch, das du im Winter durchblättern sollst. Es ist ein Bestimmungsbuch für mehr als hundert Wildpflanzen. Wenn du im Frühling oder Sommer wanderst, kann es dir helfen, Pflanzen zu erkennen, indem du sie mit den Abbildungen vergleichst. Die einzelnen Arten sind nach ihrer Blütenfarbe angeordnet, das erleichtert dir die Mühe beim Auffinden. Wichtige Einzelteile sind oft vergrößert gezeigt, um Verwechslungsmöglichkeiten auszuschließen. Beim Schmalblättrigen Feuerkraut wird zum Beispiel die aufgeplatzte Frucht mit den

behaarten Samen gezeigt. In einer kurzen Beschreibung werden einige wichtige Merkmale genannt. Hier erfährst du die Höhe der Pflanze, ob sie aufrecht wächst oder über den Boden kriecht, und vieles mehr. Am Ende der Beschreibung sind die Monate angegeben, in denen die Pflanze blüht. Neben dem Namen findest du einen Kreis. Immer wenn du eine Pflanze entdeckt hast, kannst du sie hier ankreuzen.

Für welches Gebiet dieses Buch gilt

Die Karte zeigt das Gebiet, in dem du dieses Buch benutzen kannst. Natürlich sind nicht alle Arten abgebildet, die es in diesen Ländern gibt. Das würde mehr als 30 solcher Bücher füllen, wenn man nur die Blütenpflanzen nimmt. Die meisten Pflanzen sind in unseren Breiten häufig anzutreffen, aber manche sind nur selten zu finden. Diese sind dann in anderen Ländern Europas verbreitet.

Die Punktekarte

Seite	Art (Name der Pflanze)	Punkte	Datum 8. Juli	Datum 22. Juli	Datum
16	Kornblume	10	10	10	
16	Rittersporn	15	15		
16	Kleines Immergrün	20			

Die Punktekarte am Ende des Buches zeigt dir, wie erfolgreich du warst. Für jede Pflanze gibt es mehrere Punkte. Findest du eine Art, die häufig und weit verbreitet ist, so erhältst du 5 Punkte, für eine seltene oder eine unter Naturschutz stehende sogar 25. Wenn du deine Beobachtungen regelmäßig einträgst, wirst du bald merken, welche Arten dir inzwischen bekannt sind. Diese findest du dann am häufigsten.

Notizblock und Bleistifte

Bandmaß

Lupe

Fotoapparat

Rotes Waldvögelein

Was du mitnehmen solltest

Bevor du aufbrichst, mußt du überlegen, was du unterwegs brauchst. Hierzu gehören nicht nur wetterfeste Schuhe, sondern auch ein Regenschutz. Außer dem Bestimmungsbuch brauchst du einen Notizblock und Bleistifte, um deine Beobachtungen aufzuschreiben. Ein Bandmaß ist angebracht, um die Höhe der Pflanze festzustellen. Eine 8-10fach vergrößernde Lupe zeigt dir Einzelheiten der Blüten und Blätter. Du wirst staunen, welche Formen und Farben du damit zum ersten Mal zu sehen bekommst. Wenn du eine Kamera besitzt, nimm sie mit und mache Aufnahmen von den Pflanzen, die dir besonders gefallen. Bei der Arbeit draußen solltest du stets die wichtigsten Daten in dein Notizbuch eintragen. Dazu gehören nicht nur das Aussehen der Pflanze, sondern auch Fundort und Datum sowie der Standort; zum Beispiel: Nadelwald oder feuchte Wiese, Trockenrasen oder Ufer.

Naturschutz

Viele Pflanzen sind ausgestorben, weil ihre natürlichen Standorte zerstört sind. Viele werden von Menschen gedankenlos abgerissen und dadurch ausgerottet. Grabe deshalb niemals eine Pflanze aus, die du nicht kennst oder von der du weißt, daß sie unter Naturschutz steht. Wenn alle Menschen so verantwortungsvoll handeln wie du, können viele gefährdete Arten noch gerettet werden.

Die folgenden Abbildungen zeigen dir die wichtigsten Organe einer Pflanze und nennen zugleich die Bezeichnungen. Im wesentlichen sind es die Blüten und Blätter, an denen man eine Pflanze erkennt. Deshalb solltest du auf diese Teile besonders achten.

Blüten

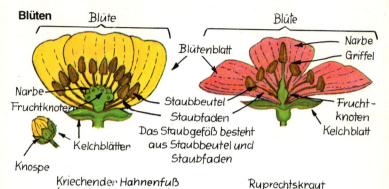

Kriechender Hahnenfuß
(Blüte im Längsschnitt)

Ruprechtskraut
(Blüte im Längsschnitt)

Bei manchen Pflanzen sind die Blütenblätter miteinander verwachsen

Maiglöckchen

Bei manchen Pflanzen bildet ein Blütenblatt einen Sporn

Rittersporn

Früchte und Samen

Der Fruchtknoten der Blüte wächst nach der Bestäubung zu einer Frucht heran. Darin entstehen die Samen, aus denen später neue Pflanzen wachsen. Die Brombeere nennt man eine Scheinfrucht, da sie sich aus vielen einzelnen Früchten zusammensetzt.

Brombeere

Gemeines Hirtentäschel
(Frucht im Längsschnitt)

Blätter

Die Blätter der Pflanze können nicht nur eine ganz verschiedene Form haben, sondern sind auch unterschiedlich am Stengel angeordnet.

länglich   herzförmig   schmal und gelappt   dornig   schmal   gezähnt   gelappt

Blätter wechselständig   Blätter gegenständig   Blätter unregelmäßig   Blätter in Quirlen   Blätter rosettenförmig

Wuchsformen

Die folgenden Bilder zeigen eine Übersicht der verschiedenen Wuchsformen:

Eine aufrechte Pflanze wächst senkrecht nach oben.

Ausläufer sind Stengel, die auf dem Boden eng aufliegen und die Pflanze nach allen Richtungen ausbreiten.

Manche Pflanzen wachsen in einem dichten Netz über dem Boden und bilden Rasen oder Matten. Sie werden rasenförmige Pflanzen genannt.

Manche Pflanzen haben am unteren Teil des Stengels eine Zwiebel, die aus verdickten Blättern besteht.

Viele Leute teilen die Pflanzen nach ihrem Nutzen für den Menschen ein: in Wildpflanzen – die für nichts gut sind –, in Nutzpflanzen – die Nahrung für Mensch und Tier liefern – und in Unkräuter – die man ausrotten muß. Dir braucht man doch nicht zu sagen, daß eine solche Einteilung töricht ist.

Kuckucks-Knabenkraut (aufrecht)
Schneeglöckchen
Zwiebel
Wurzeln
Kriechender Hahnenfuß
Ausläufer
Alpen-Gänsekresse
bildet Matten

Pflanzen mit gelben Blüten

Feuchte Orte

▶ Scharbockskraut ○

Stengel niederliegend, 5-10 cm hoch. Blätter rundlich-herzförmig, wie die goldgelben Blüten glänzend, kahl. Feuchte Gebüsche, Wiesen; häufig.
März – Mai.

◀ Wechselblättriges Milzkraut ○

Stengel 3-kantig, bis 10 cm hoch, mit Ausläufern. Blätter herz-nierenförmig, gekerbt. Feuchte Bergwälder, Waldsümpfe; verbreitet.
April – Juni.

Die Blüten haben 4 Kelchblätter

▶ Kriechender Hahnenfuß ○

Pflanze mit langen, wurzelnden Ausläufern. Blätter 3-spaltig, gelappt, behaart. Blüten goldgelb. Feuchte Orte; häufig.
Mai – August.

Ausläufer

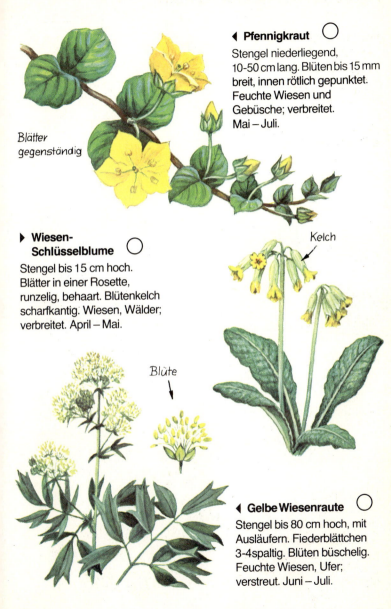

◀ Pfennigkraut ◯

Stengel niederliegend, 10-50 cm lang. Blüten bis 15 mm breit, innen rötlich gepunktet. Feuchte Wiesen und Gebüsche; verbreitet. Mai – Juli.

Blätter gegenständig

▶ Wiesen-Schlüsselblume ◯

Stengel bis 15 cm hoch. Blätter in einer Rosette, runzelig, behaart. Blütenkelch scharfkantig. Wiesen, Wälder; verbreitet. April – Mai.

Kelch

Blüte

◀ Gelbe Wiesenraute ◯

Stengel bis 80 cm hoch, mit Ausläufern. Fiederblättchen 3-4spaltig. Blüten büschelig. Feuchte Wiesen, Ufer; verstreut. Juni – Juli.

Feuchte Wälder, Gebüsche

▶ **Echte Nelkenwurz** ○

Stengel mehrblütig, bis 50 cm hoch. Blütenblätter etwa 5 mm lang. Früchte mit einem Haken, klettenförmig. Feuchte Wälder; verbreitet. Mai – Oktober.

Früchte

◀ **Wald-Gilbweiderich** ○

Stengel 10-30 cm lang, kriechend bis aufsteigend. Blätter gegenständig mit durchscheinenden Punkten. Schattige, feuchte Orte; zerstreut. Mai – Juli.

Die Früchte des Sauerdorn sind eßbar

▶ **Sauerdorn** ○

Ein bis 3 m hoher, dorniger Strauch. Blüten in hängenden Trauben. Staubblätter mit einer Nadel reizbar. Hügel, Gebüsche, Wälder; zerstreut. Mai – Juni.

◀ Wald-Greiskraut

Stengel bis 60 cm hoch. Blätter geteilt. Zungenförmige, zurückgerollte Blütenblätter. Blütenkörbchen am Grunde mit kurzen Schuppen. Kahlschläge in Wäldern, Sandfelder; verbreitet. Juli – September.

Blütenkörbchen

▶ Goldnessel

Stengel 4-kantig, bis 40 cm hoch, zum Teil übergebogen und an der Spitze wurzelnd. Blätter gegenständig. Wälder; verbreitet. April – Juli.

Blütenquirl

◀ Stengellose Schlüsselblume

Stengel kurz bis fehlend. Blätter in einer Rosette, runzelig, auf der Oberseite kahl. Feuchte Wälder und Gebüsche; selten. März – Mai.

Wegränder, Grasplätze

▶ Europäischer Stechginster ○

Bis 2 m hoher, dicht verzweigter, dorniger Strauch. Blüten etwa 15 mm groß. Auf Heiden in West- und Nordwestdeutschland. April – Juni.

Blüte

Der Fruchtstand erinnert an einen Vogelfuß

Samen

◀ Gemeiner Hornklee ○

Stengel niederliegend. Blätter 5-teilig. Blüten in Dolden zu 3-6, gelb, außen oft rötlich. Auf Wiesen; verbreitet. Mai – September.

▶ Kriechendes Fingerkraut ○

Stengel bis 1 m weit kriechend. Blätter 5-zählig gefiedert. Blüten einzeln, 2,5 cm groß. Gräben, Wiesen, Wegränder; verbreitet. Juni – August.

▶▶ Gänse-Fingerkraut ○

Stengel lang kriechend. Blätter gefiedert, 10-20 cm lang. Grasplätze; häufig. Mai – August.

◀ Tüpfel-Johanniskraut ◯

Stengel aufrecht, bis 60 cm hoch. Blätter gegenständig, mit durchsichtigen Punkten. Blüten dunkel gefleckt. Wegränder, trockene Orte; häufig.
Juni – August.

▶ Färberwaid ◯

Stengel 60-120 cm hoch, mit pfeilförmigen Blättern. Früher als Farbpflanze verwendet. Im Rheintal häufig, sonst selten.
Mai – Juli.

„Pusteblume"

hängende Schoten

Vergrößerte Löwenzahnfrucht mit „Fallschirm"

Gemeiner Löwenzahn ◯

Blätter in einer Rosette stehend, tief gekerbt, mit Milchsaft. Stengel hohl. Blütenkörbchen nachts geschlossen. Äcker, Wiesen, Wegränder; häufig.
April – Juli.

Sandfelder, Wege

▶ Mauerpfeffer ⃝
Kriechend, dichte Rasen bildend. Blätter fleischig, bis 4 mm lang, pfefferartig schmeckend. Trockene Orte, Sandfelder, Felsen; verbreitet.
Juni – August.

Blüte

Blätter

◀ Portulak ⃝
Stengel niederliegend, fleischig, oft rot. Blätter blaugrün. Im Süden in Gärten und auf Äckern; zerstreut. Juli – Okt.

Blütenkörbchen

▶ Echte Goldrute ⃝
Stengel 20-80 cm hoch. Blütenkörbchen in einer offenen Rispe. Zungenblüten weit abstehend. Wälder, Wege, Weiden. Juli – Okt.

◀ Kohlrübe ○
Stengel bis 1,4 m hoch, obere Blätter sitzend, blaugrün, bereift. Wurzel eine dicke, eßbare Rübe. Gemüsepflanze, angebaut. April – September.

Schote

▶ Zypressen-Wolfsmilch ○
Stengel aufrecht, mit Milchsaft, bis 15 cm hoch. Blätter schmal, nadelförmig. Trockene Böden, Sandflächen; verbreitet. April – Juli.

eine gelbe Blüte

◀ Gewöhnliches Stiefmütterchen ○
Blüten über 15 mm groß. Blütenblätter länger als der Kelch, die oberen oft violett. Wiesen, Sandflächen; verbreitet. Mai – Oktober.

Pflanzen mit blauen Blüten

Schuttplätze, trockene Orte

▶ **Kornblume** ◯
Stengel 30-60 cm hoch, Blätter schmal. Blütenkörbchen einzeln. Getreidefelder, Schuttplätze; häufig.
Juni – September.

◀ **Rittersporn** ◯
Stengel aufrecht, 30-90 cm hoch. Blätter zerschlitzt. Äcker, Schuttplätze. Verwilderte Zierpflanze.
Juni – September.

▶ **Kleines Immergrün** ◯
Stengel kriechend, etwas verholzt. Blätter immergrün. Laubwälder, Gebüsche; verbreitet. März – Juni.

Früchte

Sporn

Knospe

Kriechsprosse

◀ **Natternkopf** ◯
Stengel bis 1 m hoch, stachelig. Blüten erst rot, dann blau. Wegränder, Schuttplätze, trockene Orte. Juni – Oktober.

▶ **Acker-Vergißmeinnicht** ◯
Stengel rauh. Blüten 2-4 mm breit, trichterförmig. Äcker, Wegränder, Gebüsch; verbreitet. Mai – August.

◀ **Wald-Ehrenpreis** ◯
Stengel kriechend. Blätter breit, gleichmäßig gekerbt, kurz gestielt. Trockene Wälder und Heiden; verbreitet. Juni – August.

Feuchte Orte

▶ Blauer Eisenhut ◯

Stengel kahl, 30-100 cm hoch. Blätter gefiedert. Gärten, aber auch in Gebirgswäldern. Juli – August.

Der obere Teil der Blüte erinnert an einen Helm

◀ Bachbunge, Bach-Ehrenpreis ◯

Stengel niederliegend, drehrund, wie die rundlichen Blätter fleischig. Blüten klein. Bäche und Gräben; verbreitet. Mai – August.

▶ Kriechender Günsel ◯

Pflanze mit Ausläufern. Stengel aufrecht. Blätter in einer Rosette. Wiesen, Gebüsche, Wälder; verbreitet. Mai – August.

Blüte

Verschiedene Standorte

Blütenstand · Fruchtstand

◀ **Stranddistel** ○
Stengel 60 cm hoch, verzweigt. Blätter blaugrün, dornig. Dünen an Nord- und Ostsee. Geschützt! Juni – Oktober.

▶ **Wiesen-Salbei** ○
Stengel etwa 60 cm hoch. Blätter runzelig. Blüten in Quirlen. Trockene Wiesen, Wegränder; verbreitet. Mai – August.

Frucht mit schwarzen Samen

◀ **Hasenglöckchen** ○
Stengel 30 cm hoch. Blätter schmal. Blüten glockenförmig, hängend. Laubwälder; selten. Geschützt! März – Mai.

Pflanzen mit rosa Blüten

Wälder, Gebüsche

▶ **Wald-Sauerklee** ◯

Pflanze kriechend, 10 cm hoch. Blätter kleeartig, aber 4-teilig. Feuchte Laub- und Nadelwälder; verbreitet. April – Mai.

◀ **Echte Brombeere** ◯

Stacheliger, überhängender Strauch mit gefiederten Blättern. Früchte glänzend. Wälder, Gebüsche; verbreitet. Juni – Juli.

▶ **Hundsrose** ◯

Bis 3 m hoher, stacheliger Strauch mit gefiederten, kahlen Blättern und langen Blütenstielen. Gebüsche, Waldränder; verbreitet. Juni.

Reife Brombeere

Stacheln sind nach unten gerichtet

Hagebutte

Verschiedene Standorte

◀ **Schlangen-Knöterich** ○

Stengel aufrecht, 40 cm hoch. Blüten in einem Kolben. Blätter schmal. Feuchte Wiesen; verbreitet. Mai – Juli.

▶ **Gemeine Zaunwinde** ○

Stengel windend. Blätter pfeilförmig. Blüten trichterförmig, 5 cm lang. Zäune, Hecken; verbreitet. Juni – September.

Knospe

◀ **Rotes Waldvögelein** ○

Stengel aufrecht, fleischig, 40 cm hoch. Blüten ausgebreitet. Lichte Wälder, auf Kalkböden; verstreut. Geschützt! Juni – Juli.

Wegränder, Schuttplätze

▶ **Vogel-Knöterich** ○
Pflanze niederliegend, rasenförmig. Blätter schmal, Blüten sehr klein, ungestielt. Schutt, Wegränder, Pflasterritzen; verbreitet. Mai – September.

◀ **Gemeines Seifenkraut** ○
Stengel aufrecht, 30-70 cm hoch, mit Ausläufern. Blüten in Büscheln. Wegränder, Schuttplätze, Flußufer; verbreitet. Juni – September.

▶ **Gemeiner Erdrauch** ○
Stengel kriechend, aufsteigend, 20 cm hoch. Blätter geteilt. Blüten 7-9 mm groß, in Ähren. Äcker, Schuttstellen; verbreitet. April-Okt.

Trockene Orte

◀ **Roter Spärkling** ○
Stengel niederliegend, behaart. Blätter schmal, spitz. Blüten ausgebreitet. Brachstellen, trockene Äcker; verbreitet. Mai – September.

▶ **Schmalblättriges Feuerkraut** ○
Stengel aufrecht, 90 cm hoch. Blätter 1-2 cm breit. Blüten traubig. Waldlichtungen, Heide, Wegränder; verbreitet. Juni – August.

Samen mit haarigem „Fallschirm"

Frucht, vom Kelch eingehüllt

◀ **Ruprechtskraut** ○
Stengel 40 cm hoch, rot, behaart, unangenehm riechend. Blätter gefiedert, im Herbst rot. Wälder, an Mauern und Felsen; verbreitet. Mai – Oktober.

Heideflächen, Moore

▶ **Heidekraut** ⃝

Etwa 20 cm hoher Strauch. Blätter nadelförmig, 1-3 mm lang. Heide, Moore, trockene Wälder; verbreitet. Juli – Nov.

◀ **Graue Heide** ⃝

Bis 30 cm hoch. Blätter zu dritt in einem Quirl, kahl. Lichte Wälder, Heide, nur im nördlichen Rheinland. Juni – Juli.

▶ **Heidelbeere** ⃝

Bis 40 cm hoher Strauch. Stengel kantig. Blätter eiförmig, abfallend. Gebüsche, Wälder; verbreitet. Die Beeren sind eßbar. Mai – Juni.

Trockene Orte

◀ **Großer Ampfer** ◯
Stengel 20-100 cm hoch, verzweigt. Blätter pfeilförmig. Blüten in Quirlen. Grasplätze, Wiesen; verbreitet. Mai – Juni.

▶ **Kleiner Ampfer** ◯
Stengel bis 30 cm hoch. Blätter spießförmig, sauer, eßbar. Sandfelder, Brachen; verbreitet. Mai – Juli.

◀ **Echtes Tausendgüldenkraut** ◯
Pflanze 10-50 cm hoch. Blätter in einer Rosette, am Stengel gegenständig, eiförmig. Waldlichtungen, trockene Hänge. Juli – September.

Feuchte Stellen

▶ Kuckucks-Lichtnelke ○
Stengel 30-70 cm hoch, verzweigt. Blätter schmal. Blütenblätter 4-spaltig. Feuchte Wiesen und Gebüsche; verbreitet. Mai – August.

◀ Schwarze Flockenblume ○
Stengel bis 40 cm hoch. Blätter ungeteilt. Hüllblätter der Blütenkörbchen mit Fransen. Wiesen und Gebüsche; zerstreut; Nordwestdeutschland. Juli – Sept.

eingekerbter Stengel

▶ Wasserdost ○
Stengel 50-150 cm hoch. Blätter handförmig geteilt. Blütenkörbchen klein, in Rispen. Gräben, feuchte Wälder. Juli – September.

Blattquirl →

Pflanzen mit roten oder violetten Blüten

Verschiedene Standorte

◀ **Büschelnelke**
Stengel bis 40 cm hoch. Blüten in Büscheln. Blütenblätter gezähnt. Kelch rauh. Sonnige Abhänge und Hügel; zerstreut bis selten. Juni–Juli.

▶ **Blutroter Storchschnabel**
Stengel bis 30 cm hoch, Blätter tief geteilt. Blüten 2-3 cm breit. Trockene Hänge und Heide; verbreitet bis zerstreut. Mai – September.

◀ **Rote Nachtnelke**
Stengel 60 cm hoch, behaart. Blätter eiförmig, gegenständig. Laubwälder, Wiesen; verbreitet. April – September.

Laubwälder

◀ **Kuckucks-Knabenkraut** ◯

Stengel 15-60 cm hoch. Blätter dick, dunkel gepunktet. Blüten mit Sporn. Gebüsch, lichte Laubwälder, auf Kalk; selten. Geschützt! Mai – Juni.

▶ **Roter Fingerhut** ◯

Stengel bis 1,5 m hoch. Blüten einseitig, hängend, bis 6 cm lang. Laubwälder, Kahlschläge; verbreitet. Giftig! Juni – Juli.

◀ **Rührmichnichtan** ◯

Reife Früchte beim Berühren aufplatzend.

◀◀ **Drüsiges Springkraut** ◯

Stengel bis 2 m hoch. Blüten mit Sporn, Blattstiel mit Drüsen. Bachufer, Auen, verwilderte Zierpflanze. Juli – September.

Wälder, Gebüsche

▶ **Nesselblättrige Glockenblume** ○

Stengel kantig, 60 cm hoch. Blätter brennesselartig. Blüten aufrecht, 4 cm lang. Gebüsch, lichte Wälder; verbreitet. Juli – September.

◀ **Vogel-Wicke** ○

Stengel niederliegend, 20-150 cm lang, kantig. Blüten über 1 cm lang, zahlreich. Äcker, Gebüsch; verbreitet. Juni – Juli.

▶ **Hain-Veilchen** ○

Stengel kriechend, 10 cm hoch. Blätter herzförmig. Blüten 2 cm breit, Sporn weiß. Wälder; verbreitet. April – Mai.

Verschiedene Standorte

▶ **Gewöhnliche Küchenschelle** ◯

Stengel bis 10 cm hoch. Blätter fein gefiedert. Blütenblätter außen behaart. Trockene, sonnige Hügel, auf Kalk. Geschützt! März – Mai.

◀ **Gemeiner Teufelsabbiß** ◯

Stengel aufrecht, 15-30 cm hoch. Blätter ganz. Blüten in Köpfchen. Feuchte Wiesen, Waldränder; verbreitet. Juli – September.

Achte auf die gezähnten Blätter

ungezähnte Blätter

▲ **Acker-Witwenblume** ◯

Der vorigen ähnlich, aber Blätter tief gespalten.

▶ **Schachblume** ◯

Stengel 15-30 cm hoch. Blüte nickend, gefleckt, weißlich bis dunkelrot. Feuchte Wiesen; selten. Geschützt! April – Mai.

Felsen, Mauern

Sporn

◀ **Zymbelkraut** ○
Pflanze kriechend. Blüten 10 mm lang, mit Sporn und gelbem Gaumen. Felsen, Mauern, auch Zierpflanze; verbreitet. Juni – September.

▶ **Echte Hauswurz** ○
Stengel 30-60 cm hoch. Blätter am Rande gewimpert, an der Spitze braunrot. Dächer, Mauern, Felsen. In den Alpen wild, sonst angepflanzt. Juli – September.

Blattrosette 5-15 cm groß

Frucht

◀ **Löwenmaul** ○
Stengel bis 40 cm hoch, aufrecht. Blüten 2-3 cm lang, innen gelb. In Flußtälern verwildert. Zierpflanze; zerstreut. Juni – September.

Äcker, Gärten

▶ **Roter Gauchheil** ○
Stengel kriechend. Blüten bei Regen geschlossen, lang gestielt. Gärten, Felder; verbreitet. Juni – Oktober.

Es gibt auch blaue Blüten

Fruchtkapsel

◀ **Klatsch-Mohn** ○
Stengel bis 60 cm hoch, steif behaart. Blätter tief geteilt. Kapsel eiförmig. Äcker; verbreitet. Mai – Juli.

Fruchtkapsel

▶ **Saat-Mohn** ○
Stengel bis 50 cm hoch, behaart. Blätter geteilt. Kapsel keulenförmig. Äcker, Sandstellen; verbreitet. Mai – Juni.

Äcker, Laubwälder

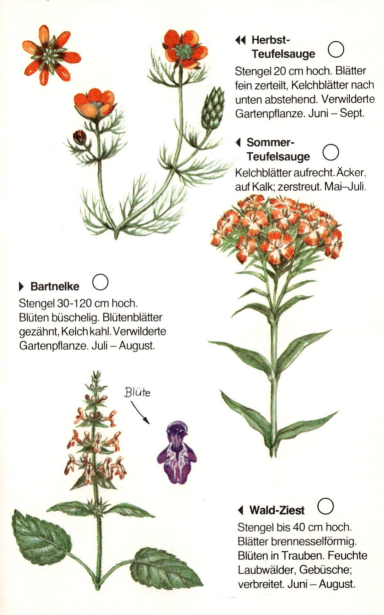

◀◀ Herbst-Teufelsauge ○
Stengel 20 cm hoch. Blätter fein zerteilt, Kelchblätter nach unten abstehend. Verwilderte Gartenpflanze. Juni – Sept.

◀ Sommer-Teufelsauge ○
Kelchblätter aufrecht. Äcker, auf Kalk; zerstreut. Mai–Juli.

▶ Bartnelke ○
Stengel 30-120 cm hoch. Blüten büschelig. Blütenblätter gezähnt, Kelch kahl. Verwilderte Gartenpflanze. Juli – August.

Blüte

◀ Wald-Ziest ○
Stengel bis 40 cm hoch. Blätter brennesselförmig. Blüten in Trauben. Feuchte Laubwälder, Gebüsche; verbreitet. Juni – August.

Pflanzen mit weißen oder grünlichen Blüten

Laubwälder, Gebüsche

▶ **Große Sternmiere** ○
Stengel 15-50 cm hoch, kantig. Blätter nicht gestielt. Laubwälder, Gebüsche; verbreitet. April – Juni.

gespaltene Blütenblätter

◀ **Busch-Windröschen** ○
Stengel bis 20 cm hoch. Blätter gestielt, gefiedert. Laubwälder, Gebüsche, Wiesen; verbreitet. März – Mai.

Pflanze mit männlichen Blüten

männliche Blüte

▶ **Wald-Bingelkraut** ○
Stengel 15-30 cm hoch, mit unterirdischen Ausläufern. Blätter gestielt. Feuchte Laubwälder; verbreitet. April – Mai.

Früchte gibt es nur auf weiblichen Pflanzen

▼ **Maiglöckchen** ○

Stengel bis 30 cm hoch. Blüte glockenförmig, angenehm riechend. Laubwälder, Gebüsche, auf Kalk; verbreitet. Geschützt! Mai – Juni.

▲ **Bären-Lauch** ○

Stengel bis 30 cm hoch. Blätter dunkelgrün, lang gestielt. Blüten in einer dichten Dolde. Laubwälder; zerstreut. Mai – Juni.

Die Frucht ist eine giftige Beere

◀ **Schneeglöckchen** ○

Stengel bis 20 cm hoch. Blüten einzeln, hängend. Gartenpflanze. Wild nur in Süddeutschland. Geschützt! Februar – April.

Wälder, Hecken, Schuttplätze

▶ **Gemeine Knoblauchsrauke** ○

Stengel kantig, bis 120 cm hoch, nach Knoblauch riechend. Wälder, Zäune, Schuttplätze; häufig. April – Juni.

Die Früchte sind kleiner als Garten-Erdbeeren

eßbar

◀ **Wald-Erdbeere** ○

Stengel bis 20 cm hoch. Mit langen Ausläufern. Kelchblätter abstehend. Wälder, Gebüsche; verbreitet. Mai – Juni.

Ranke

▶ **Garten-Erbse** ○

Stengel bis 2 m hoch, rankend, blaugrün, kahl. Samen eßbar. Verwilderte Gemüsepflanze. Mai – Juni.

Hülse

Zweihäusige Zaunrübe

Stengel bis 4 m lang. Kletterpflanze mit männlichen oder weiblichen Blüten. Zäune, Hecken; zerstreut bis verbreitet. Juni – September.

Wiesen-Kerbel

Stengel bis 1 m hoch, gefurcht. Blätter mehrfach gefiedert. Gebüsche, Hecken, Wiesen; häufig. April – Juli.

Gemeiner Klettenkerbel

Stengel 60-130 cm hoch. Blätter doppelt gefiedert. Frucht stachelig. Hecken, Zäune, Gebüsch; verbreitet. Juni – August.

Feuchte Orte, Gewässer

▶ **Echtes Mädesüß** ○

Stengel 1-1,5 m hoch, aufrecht. Blüten sehr klein, duftend. Feuchte Orte; verbreitet. Juni – August.

Blätter unterseits silbergrau, manchmal behaart

◀ **Dreikantiger Lauch** ○

Stengel 20-50 cm hoch, dreikantig. Blüten groß, glockenförmig. Gartenpflanze aus dem Mittelmeergebiet. April – Juni.

Dreikantiger Stengel

Wasseroberfläche

Die Unterwasser-Blätter sind länger und dünner

▶ **Froschkraut** ○

Pflanze im Wasser flutend. Blätter schmal. Blüten dreizählig, 15 mm breit. In stehenden Gewässern; selten. Mai – September.

Ausläufer

◀ **Wasser-Hahnenfuß** ○
Flutend. Unterwasserblätter oft zerschlitzt, die übrigen rund. Stehende und langsam fließende Gewässer; verbreitet. Juni – September.

Blätter auf der Wasseroberfläche

Fein zerschlitzte Unterwasserblätter

▶ **Krebsschere** ○
Blätter gesägt, aus dem Wasser ragend. Blüte 3-4 cm breit. Stehende Gewässer; verbreitet; im Süden selten. Mai – Juni.

Knospe

Wurzeln

◀ **Froschbiß** ○
Weibliche Blüten einzeln, männliche zu dritt. Blätter rundlich, schwimmend. Teiche; verbreitet; im Süden zerstreut. Mai – August.

Ausläufer

Wiesen, Grasplätze, Sandflächen

▶ **Wilde Möhre** ○

Stengel 50-80 cm hoch, steif behaart. Blätter gefiedert. Mittelblüte oft schwarz. Wiesen, Wegränder; häufig. Mai – Juli.

◀ **Wiesen-Bärenklau** ○

Stengel bis 1 m hoch, kantig, behaart. Blätter breit, gefiedert. Wiesen, feuchte Gebüsche; verbreitet. Juni – Okt.

▶ **Wasserfenchel** ○

Stengel bis 60 cm hoch. Untere Blätter 2-3fach gefiedert, breit; obere einfach gefiedert, schmal. Salzböden im Küstengebiet; verbreitet. Juli – August.

Oft sind die weißen Zungenblüten rosa überlaufen

◀ Gänseblümchen ○
Stengel bis 10 cm hoch, mit einem Blütenkörbchen. Blätter in einer Rosette. Grasplätze, Wiesen, Rasen; häufig. März – November.

▶ Weiß-Klee ○
Stengel weit kriechend. Blüten kurz gestielt, in dichten Köpfchen. Wiesen, Wegränder; verbreitet. Mai – September.

Weißlicher Streifen

Ausläufer

Achte auf die eingekerbten Blütenblätter

◀ Acker-Hornkraut ○
Stengel bis 30 cm hoch, mit Ausläufern. Blätter ziemlich breit. Wiesen, Ackerränder, Schuttplätze; häufig. April – September.

Wegränder, Schuttstellen, Dorfplätze

▶ **Große Brennessel** ○

Stengel bis 1,5 m hoch. Pflanze mit Brennhaaren. Blütenstände hängend. Wälder, Schuttstellen, Gärten; häufig. Juni – Oktober.

◀ **Zurückgekrümmter Fuchsschwanz** ○

Pflanze 50 cm hoch, dicht behaart. Blätter lang gestielt. Rispe vielblütig. Äcker, Wegränder; verbreitet. Juni – Sept.

▶ **Gemeine Melde** ○

Stengel bis 90 cm hoch. Blüten in schmalen Ähren. Äcker, Schuttstellen, Dorfplätze; verbreitet. Juli – Okt.

◀ **Guter Heinrich** ○
Pflanze 20-60 cm hoch, wie mit Mehl bestäubt, aufrecht. Schuttstellen, Dorfplätze; verbreitet. April – Oktober.

▶ **Gemeines Hirtentäschel** ○
Stengel bis 35 cm hoch. Blätter meist gelappt, in einer Rosette. Stengelblätter ungeteilt. Äcker, Wegränder, Schuttplätze. Februar – September.

◀ **Weiße Taubnessel** ○
Stengel bis 60 cm hoch. Blätter brennesselähnlich, aber nicht brennend. Schuttplätze, Hecken, Zäune; häufig. April – August.

Wegränder, Felder, Gebüsche, Brachstellen

▶ **Taubenkropf-Leimkraut** ◯

Stengel bis 30 cm hoch, verzweigt. Blütenkelch 20-nervig, hellgrün. Trockene Wiesen, Felsen, Wegränder; verbreitet. Juni – September.

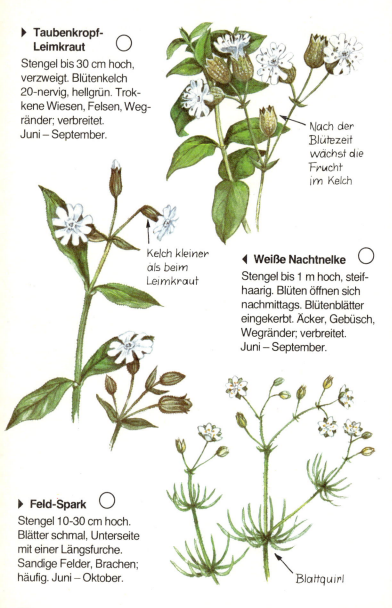

Nach der Blütezeit wächst die Frucht im Kelch

Kelch kleiner als beim Leimkraut

◀ **Weiße Nachtnelke** ◯

Stengel bis 1 m hoch, steifhaarig. Blüten öffnen sich nachmittags. Blütenblätter eingekerbt. Äcker, Gebüsch, Wegränder; verbreitet. Juni – September.

▶ **Feld-Spark** ◯

Stengel 10-30 cm hoch. Blätter schmal, Unterseite mit einer Längsfurche. Sandige Felder, Brachen; häufig. Juni – Oktober.

Blattquirl

◀ Vogel-Sternmiere ○
Stengel niederliegend, rund. Untere Blätter gestielt, obere sitzend. Blütenblätter kurz. Äcker, Schuttstellen; häufig. März – Oktober.

▶ Schwarzer Nachtschatten ○
Stengel 30-90 cm hoch, fast kahl. Blätter ungeteilt. Beeren grün oder schwarz. Felder, Gärten, Schuttplätze; verbreitet. Giftig! Juni – Oktober.

◀ Klebkraut ○
Stengel niederliegend, bis 50 cm lang. Blätter am Rande stachelig behaart. Wegränder, Zäune, Gärten; häufig. Mai – Oktober.

▶ Spitzwegerich ○

Stengel bis 40 cm hoch. Blätter schmal, ungestielt. Ähre kurz. Wiesen, Wegränder, Schuttplätze; häufig. Mai – September.

◀ Großer Wegerich ○

Stengel bis 40 cm hoch. Blätter breit, lang gestielt. Gräben, Wiesen, Schuttplätze, Wegränder; häufig. Mai – Oktober.

▶ Mittlerer Wegerich ○

Stengel bis 40 cm hoch. Blätter breit, kurz gestielt. Ähre kurz. Wegränder, ungedüngte Wiesen; verbreitet. Mai – September.

◀ Gemeine Schafgarbe ○

Stengel bis 80 cm hoch, aufrecht. Blätter fein zerteilt, Blütenkörbchen 5 mm groß, doldenförmig angeordnet. Trockene Äcker, Wegränder; häufig. Juni – Oktober.

▶ Geruchlose Kamille ○

Stengel 20-60 cm hoch, verzweigt. Blätter fein zerteilt. Blütenkörbchen groß. Äcker, Wege, Ödland; häufig. Juni – Oktober.

◀ Margerite ○

Stengel 30-100 cm hoch. Blätter ungeteilt, gekerbt. Blütenkörbchen 3-6 cm breit. Wiesen und Weiden, Wegränder; häufig. Mai – Oktober.

Feuchte Felsen, Mauern, Wiesen

▶ **Stern-Steinbrech** ◯
Stengel 20 cm hoch. Blütenblätter mit 2 gelben Punkten. Bachufer, Quellen; in den Alpen verbreitet. Juni – Juli.

▶▶ **Knöllchen-Steinbrech** ◯
Stengel unten mit Brutzwiebeln. Wiesen, Waldränder; verbreitet. Mai – Juni.

Knöllchen-Steinbrech

Stern-Steinbrech

Fruchtschote

◀ **Alpen-Gänsekresse** ◯
Blätter in einer Rosette, grob gezähnt. Blüten vierzählig. Schoten schmal, aufrecht. Feuchte Felsen; in den Alpen verbreitet. März – September.

▶ **Aufrechtes Glaskraut** ◯
Stengel niedrig, stark verzweigt. Blätter und Blüten klein. Mauerfugen, Pflasterritzen. Nur im Rheintal und seinen Nebentälern. Mai – Oktober.

Blüte

gelbe Staubgefäße

Bilderrätsel

Hier siehst du keine vollständigen Pflanzen, sondern nur bestimmte Teile von ihnen. Sie sind in diesem Buch irgendwo abgebildet. Weißt du, zu welcher Pflanze sie gehören? Die richtigen Namen findest du unten auf dieser Seite.

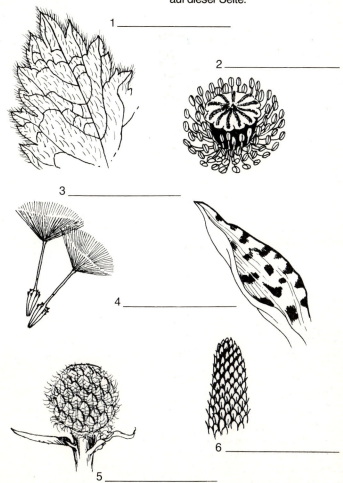

1 _____
2 _____
3 _____
4 _____
5 _____
6 _____

1. Blatt der Brennessel, 2. Staubblätter und Fruchtknoten vom Klatschmohn, 3. Früchte vom Löwenzahn, 4. Blatt vom Kuckucks-Knabenkraut, 5. Knospe der Schwarzen Flockenblume, 6. Blütenstand vom Großen Wegerich.

Farbrätsel

Diese Abbildungen zeigen Umrisse von Pflanzen, die in diesem Buch farbig dargestellt sind. Kannst du ihren Namen sagen und kannst du sie bunt ausmalen? Die richtigen Namen findest du unten auf der nächsten Seite.

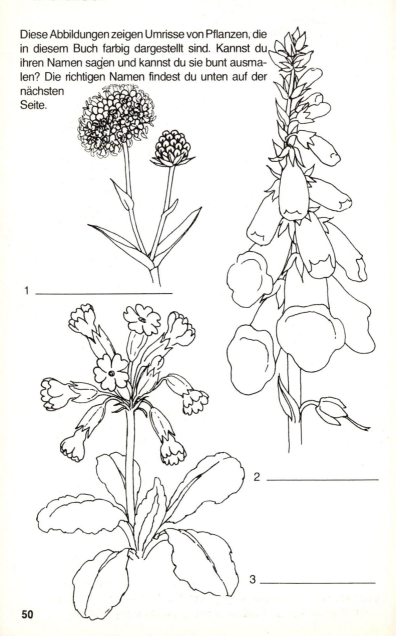

1 _____

2 _____

3 _____

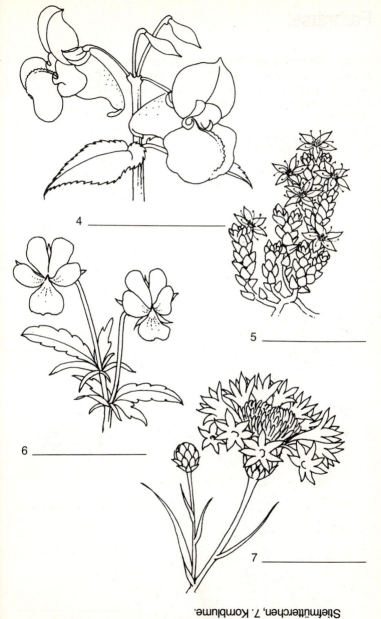

1. Gemeiner Teufelsabbiß, 2. Roter Fingerhut, 3. Wiesen-Schlüsselblume, 4. Drüsiges Springkraut, 5. Mauerpfeffer, 6. Gewöhnliches Stiefmütterchen, 7. Kornblume.

Kennst du die Frucht?

In dem eingerahmten Teil sind Früchte abgebildet, die zu den außen dargestellten Pflanzen gehören. Weißt du, welche Frucht zu welcher Pflanze gehört? Die Auflösung findest du unten auf der nächsten Seite.

Sauerdorn
7 ——

Schwarzer Nachtschatten
9 ——

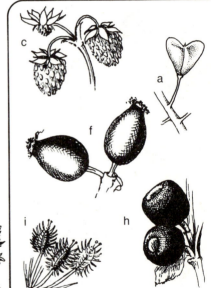

Wilde Möhre
6 ——

Wald-Erdbeere
1 ——

Heidelbeere
2 ——

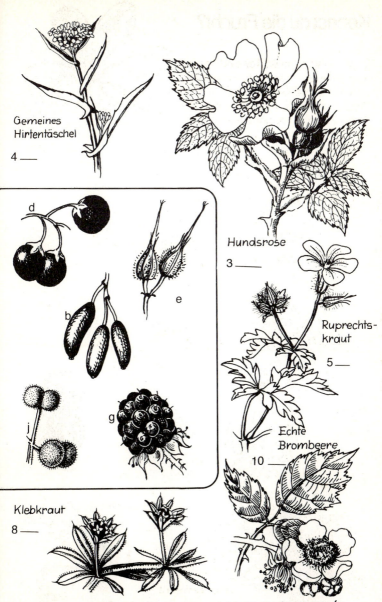

1c Wald-Erdbeere, 2h Heidelbeere, 3f Hundsrose, 4a Gemeines Hirtentäschel, 5e Ruprechtskraut, 6i Wilde Möhre, 7b Sauerdorn, 8j Klebkraut, 9d Schwarzer Nachtschatten, 10g Echte Brombeere.

Wo wachsen sie?

In der Mitte des Bildes sind 4 verschiedene Standorte abgebildet. Kannst du neben jede Pflanze den Namen und den richtigen Buchstaben schreiben? Die richtige Antwort findest du unten auf der nächsten Seite.

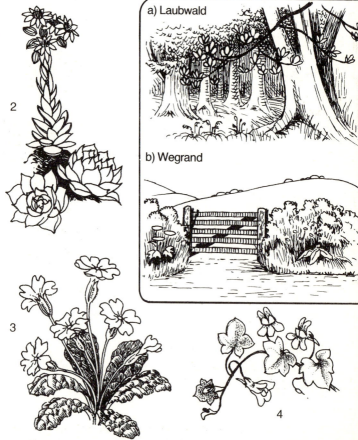

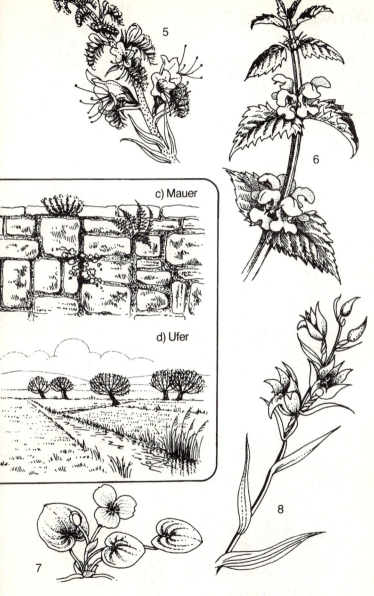

a) Stengellose Schlüsselblume (3), b) Weiße Taubnessel (6), c) Natternkopf (5), c) Zymbelkraut (4), d) Froschbiß (7), Kuckucks-Lichtnelke (1), wurz (2), Echte Hauswurz (2), Rotes Waldvögelein (8).

Was in ein Notizbuch gehört

Es wird dir sicher schon aufgefallen sein, daß die meisten Pflanzen nur zu einer bestimmten Zeit blühen und daß an derselben Stelle später andere zur Blüte kommen. Auf einer Wiese, auf einem Schuttplatz oder an einem Ufer kannst du diesen Wechsel gut beobachten. Am besten schlägst du vier Pflöcke in den Boden und verbindest sie mit einer Schnur. Nun kannst du diese Stelle das ganze Jahr über beobachten.

Trage in dein Notizbuch ein, wann welche Pflanzen blühen, wie häufig sie sind und wie dicht sie den Boden bedecken. Beobachte gleichzeitig mehrere Flächen an verschiedenen Standorten. Du wirst sehen, daß jeweils ganz bestimmte Pflanzen zusammenleben.

Trage in dein Notizbuch jede Wanderung genau ein. Zu den Angaben gehören das Datum, die Fundorte,

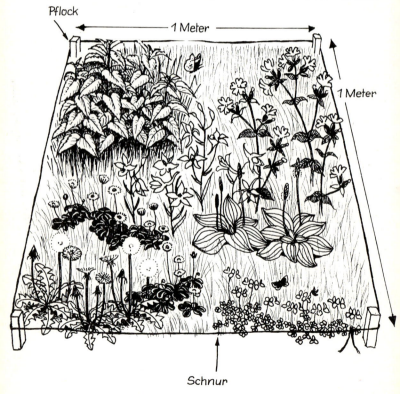

die du aufgesucht hast, und die Pflanzen, die du blühend oder fruchtend angetroffen hast. Wenn du mit der Benutzung einer Wanderkarte vertraut bist, kannst du auch Skizzen von deiner Marschroute anfertigen. Die genaue Beschreibung des einzelnen Standortes ist besonders wichtig. Du willst ja nicht Pflanzen sammeln, als ob es Briefmarken wären, sondern einen bestimmten Lebensraum kennenlernen. Er wird vor allem von den Pflanzen und erst in zweiter Linie von den Tieren geprägt. Skizzen von Pflanzen und Pflanzenteilen sind eine wichtige Ergänzung. Auch wenn du nicht so gut malen kannst, ist eine selbstangefertigte Zeichnung viel einprägsamer als die beste Abbildung.

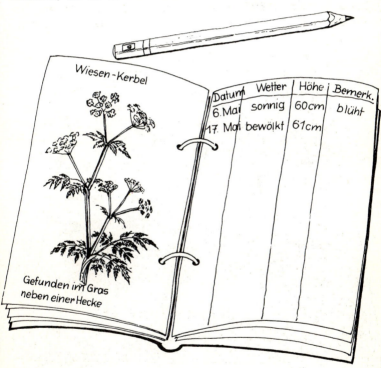

Pflanzenfotografie

Über das Fotografieren von Pflanzen kann man ganze Bücher schreiben. Die einen sagen, daß die Pflanzenkunde erst durch den Buntfilm zur Wissenschaft wird, die anderen, daß die Fotografie überhaupt nicht zu gebrauchen ist. Die Wahrheit liegt in der Mitte. Ein Foto ohne zusätzliche Angaben über die Höhe der Pflanze, die Blattformen, ihre Ausläufer und vieles andere ist oft ziemlich wertlos. Das merkt man erst, wenn man die Pflanze nach dem Foto bestimmen will. Wenn du aber einige Regeln beachtest, kannst du auch mit deiner Kamera durchaus nützliche Aufnahmen machen.

Wenn du eine Pflanze fotografieren willst, dann stelle dich so hin, daß du die Sonne im Rücken hast. Achte darauf, daß dein Schatten nicht mitfotografiert wird. Gehe so dicht an die Pflanze heran, wie es das Objektiv deiner Kamera erlaubt. Ist die Pflanze sehr groß, so mache zuerst eine Übersichtsaufnahme und dann mehrere Bilder von den charakteristischen Teilen. Meist wird es nicht möglich sein, die Pflanze allein auf das Bild zu bekommen. Dann stelle eine Pappe hinter sie, damit du einen ruhigen Hintergrund erhältst. In schattigen Wäldern ist es meist so dunkel, daß du ein Blitzlicht verwenden mußt.

Namensverzeichnis

Acker-Hornkraut 41
Acker-Vergißmeinnicht 17
Acker-Witwenblume 30
Alpen-Gänsekresse 48
Aufrechtes Glaskraut 48

Bachbunge 18
Bach-Ehrenpreis 18
Bären-Lauch 35
Bartnelke 33
Blauer Eisenhut 18
Blutroter Storchschnabel 27
Brombeere 20
Busch-Windröschen 34
Büschelnelke 27

Dreikantiger Lauch 38
Drüsiges Springkraut 28

Echte Brombeere 20
Echte Goldrute 14
Echte Hauswurz 31
Echte Nelkenwurz 10
Echtes Mädesüß 38
Echtes Tausendgüldenkraut 25
Europäischer Stechginster 12

Färberwaid 13
Feld-Spark 44
Froschbiß 39
Froschkraut 38

Gänseblümchen 41
Gänse-Fingerkraut 12
Garten-Erbse 36
Gelbe Wiesenraute 9
Gemeine Knoblauchraute 36
Gemeine Melde 42
Gemeine Schafgarbe 47
Gemeine Zaunwinde 21
Gemeiner Erdrauch 22
Gemeiner Hornklee 12
Gemeiner Klettenkerbel 37
Gemeiner Löwenzahn 13
Gemeiner Teufelsabbiß 30
Gemeines Hirtentäschel 43
Gemeines Seifenkraut 22
Geruchlose Kamille 47
Gewöhnliche Küchenschelle 30

Gewöhnliches Stiefmütterchen 15
Goldnessel 11
Goldrute 14
Graue Heide 24
Große Brennessel 42
Große Sternmiere 34
Großer Ampfer 25
Großer Wegerich 46
Guter Heinrich 43

Hain-Veilchen 29
Hasenglöckchen 19
Hauswurz 31
Heidekraut 24
Heidelbeere 24
Herbst-Teufelsauge 33
Hundsrose 20

Klatsch-Mohn 32
Klebkraut 45
Kleiner Ampfer 25
Kleines Immergrün 16
Knöllchen-Steinbrech 48
Kohlrübe 15
Kornblume 16
Krebsschere 39
Kriechender Günsel 18
Kriechender Hahnenfuß 8
Kriechendes Fingerkraut 12
Kuckucks-Knabenkraut 28
Kuckucks-Lichtnelke 26

Löwenmaul 32

Maiglöckchen 35
Margerite 47
Mauerpfeffer 14
Mittlerer Wegerich 46

Natternkopf 17
Nesselblättrige Glockenblume 29

Pfennigkraut 9
Portulak 14

Rittersporn 16
Rote Nachtnelke 27
Roter Fingerhut 28
Roter Gauchheil 32

Roter Spärkling 23
Rotes Waldvögelein 21
Rührmichnichtan 28
Ruprechtskraut 23

Saat-Mohn 32
Sauerdorn 10
Schachblume 30
Scharbockskraut 8
Schlangen-Knöterich 21
Schmalblättriges Feuerkraut 23
Schneeglöckchen 36
Schwarze Flockenblume 26
Schwarzer Nachtschatten 45
Sommer-Teufelsauge 33
Spitzwegerich 46
Stengellose Schlüsselblume 11
Stern-Steinbrech 48
Stranddistel 19

Taubenkropf-Leimkraut 44
Tüpfel-Johanniskraut 13

Vogel-Knöterich 22
Vogel-Sternmiere 45
Vogel-Wicke 29

Wald-Bingelkraut 34
Wald-Ehrenpreis 17
Wald-Erdbeere 36
Wald-Gilbweiderich 10
Wald-Greiskraut 11
Wald-Sauerklee 20
Wald-Ziest 33
Wasserdost 26
Wasserfenchel 40
Wasser-Hahnenfuß 39
Wechselblättriges Milzkraut 8
Weiße Nachtnelke 44
Weiße Taubnessel 43
Weiß-Klee 41
Wiesen-Bärenklau 40
Wiesen-Kerbel 37
Wiesen-Salbei 19
Wiesen-Schlüsselblume 9
Wild-Möhre 40

Zurückgekrümmter Fuchsschwanz 42
Zweihäusige Zaunrübe 37
Zymbelkraut 31
Zypressen-Wolfsmilch 15

Punktekarten

Die Pflanzen erscheinen hier in derselben Reihenfolge wie im Buch. Wenn du auf die Suche nach Wildpflanzen gehst, trage oben auf der Tabelle das Datum ein. Die Punktzahl für jede gefundene Pflanze steht hinter dem Namen. Am Ende des Tages kannst du die Punkte addieren.

Seite	Art (Name der Pflanze)	Punkte	Datum	Datum	Datum	Seite	Art (Name der Pflanze)	Punkte			
8	Scharbockskraut	5				14	Portulak	20			
8	Wechselblättriges Milzkraut	15				14	Echte Goldrute	10			
8	Kriechender Hahnenfuß	5				15	Kohlrübe	10			
9	Pfennigkraut	15				15	Zypressen-Wolfsmilch	10			
9	Wiesen-Schlüsselblume	10				15	Gewöhnliches Stiefmütterchen	10			
9	Gelbe Wiesenraute	20				16	Kornblume	15			
10	Echte Nelkenwurz	10				16	Rittersporn	15			
10	Wald-Gilbweiderich	15				16	Kleines Immergrün	15			
10	Sauerdorn	15				17	Natternkopf	10			
11	Wald-Greiskraut	15				17	Acker-Vergißmeinnicht	10			
11	Goldnessel	10				17	Wald-Ehrenpreis	10			
11	Stengellose Schlüsselblume	15				18	Blauer Eisenhut	15			
12	Europäischer Stechginster	20				18	Bachbunge (Bach-Ehrenpreis)	15			
12	Gemeiner Hornklee	5				18	Kriechender Günsel	10			
12	Kriechendes Fingerkraut	10				19	Stranddistel	25			
12	Gänse-Fingerkraut	10				19	Wiesen-Salbei	10			
13	Tüpfel-Johanniskraut	10				19	Hasenglöckchen	25			
13	Färberwaid	20				20	Wald-Sauerklee	5			
13	Gemeiner Löwenzahn	5				20	Echte Brombeere	5			
14	Mauerpfeffer	10				20	Hundsrose	10			
	Summe						Summe				

Seite	Art (Name der Pflanze)	Punkte				Seite	Art (Name der Pflanze)	Punkte			
21	Schlangen-Knöterich	15				28	Rührmichnichtan	10			
21	Gemeine Zaunwinde	10				29	Nesselblättrige Glockenblume	15			
21	Rotes Waldvögelein	25				29	Vogel-Wicke	10			
22	Vogel-Knöterich	5				29	Hain-Veilchen	10			
22	Gemeines Seifenkraut	10				30	Gewöhnliche Küchenschelle	20			
22	Gemeiner Erdrauch	10				30	Gemeiner Teufelsabbiß	15			
23	Roter Spärkling	15				30	Acker-Witwenblume	10			
23	Schmalblättriges Feuerkraut (Weidenröschen)	5				30	Schachblume	25			
23	Ruprechtskraut	10				31	Zymbelkraut	10			
24	Heidekraut	10				31	Echte Hauswurz	15			
24	Graue Heide (Glockenheide)	15				31	Löwenmaul	5			
24	Heidelbeere	10				32	Roter Gauchheil	10			
25	Großer Ampfer	5				32	Klatsch-Mohn	10			
25	Kleiner Ampfer	15				32	Saat-Mohn	10			
25	Echtes Tausendgüldenkraut	15				33	Herbst-Teufelsauge	20			
26	Kuckucks-Lichtnelke	10				33	Sommer-Teufelsauge	15			
26	Schwarze Flockenblume	15				33	Bartnelke	15			
26	Wasserdost	10				33	Wald-Ziest	10			
27	Büschelnelke	15				34	Große Sternmiere	5			
27	Blutroter Storchschnabel	10				34	Busch-Windröschen	5			
27	Rote Nachtnelke	10				34	Wald-Bingelkraut	5			
28	Kuckucks-Knabenkraut	15				35	Bären-Lauch	10			
28	Roter Fingerhut	10				35	Maiglöckchen	10			
28	Drüsiges Springkraut	15				35	Schneeglöckchen	15			
	Summe						Summe				

Seite	Art (Name der Pflanze)	Punkte				Seite	Art (Name der Pflanze)	Punkte			
36	Gemeine Knoblauchsrauke	5				43	Gemeines Hirtentäschel	5			
36	Wald-Erdbeere	10				43	Weiße Taubnessel	5			
36	Garten-Erbse	5				44	Taubenkropf-Leimkraut	15			
37	Zweihäusige Zaunrübe	15				44	Weiße Nachtnelke	15			
37	Wiesen-Kerbel	5				44	Feld-Spark	15			
37	Gemeiner Klettenkerbel	10				45	Vogel-Sternmiere	5			
38	Echtes Mädesüß	10				45	Schwarzer Nachtschatten	15			
38	Dreikantiger Lauch	20				45	Klebkraut	10			
38	Froschkraut	15				46	Spitzwegerich	5			
39	Wasser-Hahnenfuß	15				46	Großer Wegerich	5			
39	Krebsschere	20				46	Mittlerer Wegerich	5			
39	Froschbiß	15				47	Gemeine Schafgarbe	5			
40	Wilde Möhre	10				47	Geruchlose Kamille	10			
40	Wiesen-Bärenklau	5				47	Margerite	5			
40	Wasserfenchel	15				48	Stern-Steinbrech	15			
41	Gänseblümchen	5				48	Knöllchen-Steinbrech	15			
41	Weiß-Klee	5				48	Alpen-Gänsekresse	15			
41	Acker-Hornkraut	10				48	Aufrechtes Glaskraut	20			
42	Große Brennessel	5									
42	Zurückgekrümmter Fuchsschwanz	15									
42	Gemeine Melde	10									
43	Guter Heinrich	10									
	Summe						Summe				
							Gesamt-Summe				

Spaß und Spannnung in Text und Bild

Band 60
ab 10

Band 444
ab 10

Band 38001
ab 8

Band 721
ab 7

Band 777
ab 9

Band 930
ab 9

Ravensburger TaschenBücher